LES

BONS DOMESTIQUES

Par l'Auteur du

CUISINIER LANDAIS

Manuel des jeunes Ménagères

EXTRAIT DES CAHIERS DE LEURS GRAND'MÈRES

En vente chez M. H. LABÈQUE, propriétaire-éditeur,

A DAX

LES

BONS DOMESTIQUES

———

LES

Bons Domestiques

Pour justifier le sous-titre de notre *Cuisinier* qui a reçu du public landais un accueil auquel nous étions loin de nous attendre ; pour en faire un véritable *Manuel des Jeunes Ménagères*, nous nous sommes décidé à le compléter par quelques chapitres dans lesquels les maîtresses de maison trouveront des renseignements utiles et pratiques. Ces renseignements les aideront à former rapidement leurs domestiques. Il suffira pour cela, de faire apprendre à chacun la *théorie* relative à ses fonctions. Bien des gens ont plus de confiance en ce qu'ils lisent et dans ce qui est imprimé qu'en toutes les instructions verbales qui pourraient leur être données.

Nous parlerons, en premier lieu, des choses qui souvent, dans un ménage modeste, incombent à une seule bonne ou femme de service, telles que l'entretien des appartements, la manière de faire les salons et les chambres, de nettoyer les effets et les chaussures, de mettre le couvert, de servir à table, de laver la vaisselle et de nettoyer l'argenterie et les cristaux.

Nous dirons, ensuite, la façon dont on doit parler aux maîtres et introduire les visites.

Nous donnerons, enfin, des indications spéciales sur le service de la cuisinière, de la femme de chambre, de la nourrice et de la bonne d'enfants, du cocher et du valet de chambre.

Nous nous tiendrons autant que possible dans un milieu moyen, prenant pour type un ménage, appartenant à ce qu'on appelle la bonne bourgeoisie.

CHAPITRE I

Entretien des Appartements. — Manière de faire les Salons et les Chambres.

Faire un appartement, c'est le nettoyer bien à fond, ainsi que les meubles et les divers objets qu'il contient et remettre, ensuite, tout en ordre et à sa place habituelle ; car il va sans dire qu'on devra déplacer momentanément les chaises, les fauteuils, tabourets, petites tables et autres meubles faciles à remuer, pour balayer l'endroit où ils se trouvent. On devra aussi enlever les tapis et les descentes de lit et les secouer à l'air. Bien se garder de le faire aux fenêtres donnant sur la voie publique ; car, outre l'inconvénient qui résulterait, pour les passants, d'une pareille pratique, on s'exposerait à un procès-verbal.

On aura soin, pendant que l'on balaye, de fermer les armoires et les commodes et de couvrir, avec un linge propre, les pendules et autres objets que la poussière peut attaquer ou ternir.

Quand le balayage est terminé, il faut battre avec un torchon tous les meubles, fauteuils, canapés, etc., les brosser, de temps en temps, et ensuite en frotter doucement les bois avec un chiffon de laine.

On essuie, avec un linge semblable, après les avoir époussetés, avec un plumeau plus petit que celui qui servira pour les tableaux, les cadres et les glaces, les vases, les flambeaux, les pendules et les bibelots qui garnissent les dessus des cheminées et des meubles.

Il va sans dire que pendant toutes ces opérations les croisées de l'appartement doivent rester ouvertes et qu'on doit les fermer quand on a fini.

Il est bon de relever un peu les rideaux pendant le balayage et on doit les faire retomber quand on remet tout en ordre avant de sortir de l'appartement.

On devra employer un balai spécial, toujours le même, pour balayer les tapis qui restent en place.

Ne pas oublier de balayer le dessous des lits et des autres meubles qu'on ne peut pas déplacer.

Inutile d'apprendre à cirer et à frotter les parquets. Tout le monde sait comment on passe la cire, avec un instrument appelé fusil, à cause de sa forme, et comment on l'étend ensuite, avec une brosse en crin, retenue au pied par une bride en cuir. Pour faire bien luire le plancher, passer avec le pied un chiffon de laine en frottant comme si on passait la brosse.

Quand on n'a pas ciré depuis longtemps, ou bien si l'on opère pour la première fois sur un parquet neuf, on fera bien d'employer une encaustique, composée d'essence de térébenthine et de cire. Pour la préparer, éviter de mettre la térébenthine sur le feu, ce qui est très dangereux ; passer la cire sur un fer à repasser, bien chaud, que l'on tiendra au dessus de la casserole contenant l'essence. Pour donner une teinte au plancher, mélanger la couleur en poudre avec l'encaustique. On emploie ordinairement de la terre de Cassel. L'encaustique se passe avec un chiffon de laine et on ne la brosse que 24 heures après, quand elle est bien sèche.

On cire de la même façon, avec de l'encaustique colorée, les carrelages que l'on rencontre dans certaines vieilles maisons. Pour leur donner une jolie teinte, bien uniforme, on commence par passer une couleur préparée par un peintre et on met l'encaustique deux jours après. Puis, la couleur une fois passée, on l'entretient avec de l'encaustique mélangée d'un peu d'ocre rouge.

Pour *bien faire* un lit, placer deux chaises en face l'une de l'autre, et à une petite distance entre elles et du lit, allonger ensuite les couvertures et les rouler, ainsi que le drap de dessus, pour les déposer sur les deux chaises ; avoir soin de placer le drap de façon à bien reconnaître le côté de la tête et celui des pieds ; faire, après cela, la même opération pour le drap de dessous qu'on doit éviter de confondre avec l'autre ; secouer le premier matelas, le retourner et le replier, puis le poser sur les chaises ; faire de même pour le second et pour le lit de plume, *la couatte,* s'il y en a une. Avant de la plier, battre la plume pour la démêler et en égaliser l'épaisseur, de façon à ce qu'elle soit la même partout, mais qu'il y en ait cependant un peu plus au milieu et du côté de la tête. On égalisera aussi, en le tapant, le sommier s'il n'y a pas de paillasse et, si cette dernière existe encore, comme cela se voit dans le pays, où elle est plus souvent garnie de feuilles qui recouvrent les épis de maïs, de *pourgue,* que de paille, on devra bien la secouer et bien l'égaliser, comme on l'a fait pour la couatte.

Remettre ensuite successivement les matelas, le lit de plume et le traversin bien plié dans le drap de dessous, placer le drap de dessus et les couvertures en repliant le drap, de 0.60 c. à 0.80, par dessus les couvertures. On les fait passer sous le coussin et on les borde avec soin, sous les matelas, aux pieds et sur le devant du lit, des deux côtés si c'est un lit de bout. On termine en bien étendant la courte-pointe ou le couvre-lit.

Le soir, *pour faire la couverture*, on enlève la courte pointe, on sort le drap et les couvertures de dessous le coussin du côté de dehors, et on les replie en triangle sur le lit, sur lequel on étale aussi les chemises et manteaux de lit.

Il conviendra que la bonne se lave les mains avant de faire le lit et après l'avoir fait. Elle devra aussi mettre un tablier blanc spécial.

Les lits faits par deux personnes à la fois, surtout les grands lits à la mode aujourd'hui, à l'imitation de ceux des XVIe et XVIIe siècles, seront beaucoup mieux faits et plus vite.

Pour les dorures, n'usez pas d'autre chose que d'eau tiède et de savon. Toute autre drogue pourrait les abimer.

En faisant les appartements, les domestiques chargés de ce travail devront avoir soin de garnir les lampes et de les nettoyer, ainsi que les flambeaux qui s'y trouvent.

Il faut, pour moucher la mèche des lampes, une paire de ciseaux qui ne servent pas à autre chose. Il est important, en taillant la mèche, après l'avoir élevée jusqu'à la hauteur du porte-mèche, d'enlever toute la partie carbonisée et de la couper parfaitement droit, *sans la moindre inégalité*. On garnit ensuite la lampe, soit d'huile, soit de pétrole et on l'essuie. Pour les lampes à pétrole, ne jamais les garnir la nuit, même à distance de la lumière ou du feu.

Il faut nettoyer les verres de lampe à sec et ne jamais employer ni blanc d'Espagne, ni autre chose qu'un simple linge ; pas même souffler dessus.

La domestique qui fait les chambres, devra bien

nettoyer les flambeaux et les bougeoirs, enlever, en les grattant, les taches de bougie et laver les chandeliers en métal avec de l'eau et du savon, de temps en temps. Les bougeoirs devront être déposés, le soir, à l'endroit où les maîtres ont l'habitude de les prendre en allant se coucher.

Enfin on doit, tous les matins, c'est presque inutile de le dire, vider les vases de nuit dans un seau, ainsi que les eaux des cuvettes et porter ce liquide malsain aux latrines. Ne jamais le répandre dans les cours, ni ailleurs, même à la campagne, encore moins le jeter par la croisée. Les vases de nuit seront lavés tous les jours et fourbis avec des cristaux de potasse. Ils devront être réintégrés immédiatement dans leur table de nuit. Il est peu convenable et sans nécessité, de les mettre à l'air dans les jardins, comme on le faisait jadis dans le pays. Il y a même encore des paysans qui en ornent, pendant le jour, les croisées de leurs maisons.

Les objets servant à la toilette seront soigneusement nettoyés et remis à leur place ; les pots à eau et les brocs, remplis d'eau fraîche.

Les serviettes seront tendues sur un séchoir ou sur le dossier d'une chaise s'il n'y a pas de séchoir.

CHAPITRE II

Entretien des effets des maîtres. — Nettoyage des chaussures

C'est ordinairement la personne qui fait les chambres qui est chargée du brossage des habits des maîtres. Elle doit le faire avec soin et intelligence et veiller à leur entretien, c'est-à-dire remplacer les boutons perdus ; assujettir ceux qui menacent de se perdre ; enlever, avec du savon, les taches, en brossant bien fort après avoir mouillé légèrement la brosse ; recoudre les parties décousues, etc. etc., et signaler les effets qui auraient besoin d'être portés au détacheur ou même au tailleur pour être réparés.

Après qu'ils ont été brossés, les effets doivent être soigneusement pliés et remis à leur place, dans les armoires, si les maîtres ne veulent pas s'en servir le jour même, auquel cas ils sont déposés à portée de sa main et à une place toujours la même.

L'entretien des chaussures n'est pas chose aussi simple qu'on le suppose, et nous croyons utile de donner sur ce point quelques renseignements.

Lorsque le maître a quitté des souliers ou des bottes mouillés et boueux, il faut les nettoyer de suite avec de l'étoupe, un chiffon, ou encore mieux un épi de maïs égrainé, un *tanoc*. Ne les cirer que quand ils sont secs. Il faut éviter de les faire sécher au feu, à moins que ce ne soit de très loin, sans quoi on risque de voir le cuir se racornir et se fendiller.

Il n'est pas nécessaire de mettre beaucoup de cirage pour faire luire les chaussures, au contraire ; si on en met trop, il se forme des croûtes. On doit les frotter quand elles sont encore un peu humides ; il est bon aussi de s'assurer que le cirage a pénétré dans les coutures. Bien des gens font cirer les semelles de leurs souliers, c'est une bonne chose.

Les chaussures de chasse doivent être graissées, de temps en temps, avec du suif fondu, ou passées à l'huile de pied de bœuf. On peut suiffer aussi légèrement les autres chaussures en cuir, quand elles ont perdu leur souplesse. Les souliers vernis se lavent simplement avec une éponge ; on les essuie avec un linge et on leur donne un certain lustre en passant dessus un chiffon de laine bien doux, imbibé d'un peu d'huile fine.

Les souliers en cuir jaune se nettoient en les brossant à sec et on leur rend leur couleur avec une drogue spéciale vendue par les cordonniers.

Celui qui nettoie les chaussures devra signaler à son maître les réparations dont elles pourraient avoir besoin.

CHAPITRE III

Manière de mettre le Couvert et de servir à Table.

Il faut exiger que le domestique qui va mettre le couvert se lave les mains et s'habille convenablement. Si c'est une bonne, elle mettra de l'ordre à sa coiffure et un tablier blanc ; si c'est un garçon, il aura soin de prendre des chaussures qui ne feront pas trop de bruit, sans toutefois que ce soient des *spargattes*, même de couleur noire. Il mettra aussi un tablier blanc, remontant par devant, de façon à couvrir le gilet. Il pourra être en gilet à manches, en livrée, en veste noire ou en habit, suivant les habitudes de la maison. Mais il ne mettra le tablier que s'il est en gilet à manches, noir ou de livrée. Il sera soigneusement cravaté, de blanc de préférence.

Après avoir rectifié la position de la table, de façon à ce que son milieu coïncide bien avec l'aplomb de la suspension qui soutient la lampe centrale de la salle à manger, on place dessus, près du bord, autant

d'assiettes que l'on a de convives, en les espaçant
régulièrement. On pose ensuite, à côté de chaque
assiette, un couteau à droite et une fourchette à
gauche, et le verre en avant un peu à droite. Si on
sert des petits verres pour le vin fin, on les place à
gauche du grand, par rang de taille, en finissant par
le plus petit, ou par le verre à champagne s'il y en a.
Tous ces verres doivent être posés sur le pied. Le
vin et l'eau se placent aux quatre coins du couvert
s'il n'y a que quatre carafes, et en deux rangées s'il
y en a plus, en ayant soin de faire alterner le vin et
l'eau qui doit être renouvelée à chaque repas. Les
salières se mettent entre les carafes, s'il n'y en a pas
une pour chaque personne, auquel cas on les met à
droite de chaque verre, à côté du porte-couvert. On
place encore, aux quatre coins du couvert, des
compotiers garnis de fruits, que l'on orne de fleurs
lorsqu'il y a du monde et, au milieu, un réchaud, ou
un porte-plat, ou bien encore, les jours de cérémonie,
une corbeille avec un bouquet, ou un surtout.

Les raviers, contenant les entremets, se placent
aujourd'hui, en rond ou en carré, autour de l'objet
qui occupe le centre de la table, en partageant bien
la distance qui le sépare des compotiers ; ou encore
mieux, on les fait circuler sur un plateau, sans les
servir.

On met devant la personne qui doit découper, le
couteau et la fourchette à dépecer et un autre
couvert ordinaire. Il vaut mieux prendre l'habitude
de faire découper par le serveur ; en quelques leçons
il sera facilement dressé, et il ne sera pas embarassé
quand il y aura des invités ; rien n'est gênant pour
les voisins comme de dépecer à table et de servir
soi-même les convives, comme cela se pratiquait
jadis. Du reste les bons écuyers tranchants devien-
nent de plus en plus rares.

Les serviettes se posent sur les assiettes à moins

qu'elles ne soient pliées de façon à être mises dans les verres. On met aussi sur l'assiette un morceau de pain, pas trop grand, et on en découpe un certain nombre à l'avance que l'on dépose, dans une assiette ou dans une corbeille spéciale, sur la serveuse ou sur un meuble quelconque, pour en offrir aux convives quand on voit qu'ils en ont besoin. Il est convenable, quand on a du monde, de remplacer les morceaux par des petits pains de luxe.

Les tasses à café seront préparées quand on met le couvert, servies après le dessert, si on prend le café à table, ou portées au salon quand le repas touche à sa fin.

Pour le dîner, à moins qu'on ne soit tout à fait en famille et qu'on ait de tout petits enfants à table, on met une nappe. Aujourd'hui les napperons ou couvre-nappe sont supprimés. Dans bien des maisons, on place sous la nappe une couverture de laine spéciale taillée de la forme de la table et ne dépassant pas les bords.

Le couvert se met comme pour le déjeuner, on ajoute seulement une assiette à soupe, et une cuiller qu'on dépose à droite, à côté du couteau. On sert généralement le potage à l'avance dans les assiettes, et alors la serviette, si elle n'est pas dans le verre, se place à droite du couvert.

· Quand le couvert est bien mis et que le potage est dans les assiettes ou sur la table, celui qui sert va avertir la maîtresse ou le maître de la maison, s'il n'y a pas de dame, en disant : « *Madame est servie* » ou « *Monsieur est servi.* »

Le domestique doit avoir, en servant à table, que ce soit un homme ou une femme, une serviette propre sur le bras ou à la main ; elle lui servira à essuyer les assiettes vides qu'on lui rend en échange de celles qu'il vient de donner pleines, celles qu'il sert en remplacement des autres, etc. etc., et à placer sous les plats pendant qu'il fait sa tournée pour servir les convives, de façon à ne pas se brûler la main gauche qui soutient le plat, tandis que, de la droite, il présente la fourchette ou la cuillère pour se servir, ou qu'il sert lui-même chaque personne.

Il est important que les serveurs ne se pressent pas, surtout s'ils sont plusieurs, qu'ils soient toujours attentifs et qu'ils aient l'œil à voir ce qui peut manquer à chaque convive, pain, assiette, etc., pour le lui offrir immédiatement, mais sans précipitation.

Si la serveuse est la cuisinière, elle devra dans l'intervalle entre chaque plat se retirer à la cuisine et accourir au premier appel que l'on fera de vive voix, ou à l'aide d'un timbre ou d'une sonnerie, mais jamais en frappant sur son verre avec son couteau, ce qui ne se fait que dans les auberges.

Lorsque le potage est mangé, on doit enlever à chaque convive son assiette, l'une après l'autre et la poser sur un meuble à ce destiné. Ce n'est que sur ce meuble qu'on peut les empiler, après en avoir retiré les cuillers.

Après cela, on dépose un moment, le premier plat sur le réchaud, ou on se contente de le présenter au milieu de la table, devant la maîtresse de maison, sans le poser, s'il y a un bouquet ou un surtout.

Après avoir découpé et bien rangé symétriquement les morceaux, le domestique va présenter le plat, en se plaçant du côté gauche, à la maîtresse de la maison, la première, à moins qu'il n'y ait à table un évêque ou un prêtre, qui sont toujours servis les premiers, et ensuite à la dame qui est à droite du maître, à celle qui est à sa gauche et aux autres dames ou demoiselles, d'après la place qu'elles occupent, puis aux hommes, en commençant par ceux qui sont à gauche et à droite de la maîtresse de maison et ainsi de suite. Le maître est servi le dernier, avant cependant les enfants et les jeunes gens de la famille.

Ceci nous amène à donner quelques indications sur la manière de placer son monde à table :

La maîtresse doit se mettre au milieu, du côté de la cheminée, et le maître en face. La droite de Madame est toujours réservée au personnage le plus recommandable par son âge, sa dignité, ou sa position sociale. Elle est toujours occupée par un ecclésiastique, s'il y en a parmi les invités ; la première place pour les hommes est ensuite celle à gauche de la maîtresse de maison ; puis celle à côté de la dame qui est à droite du maître ; celle à droite de la dame qui est à sa gauche et ainsi de suite ; les bouts de table sont le lot des jeunes gens et des enfants des deux sexes. Les places d'honneur pour les dames sont naturellement à droite et à gauche du maître et on suit après cela la même gradation descendante que pour les hommes, en ayant soin d'intercaler, autant que possible, les names et les messieurs.

Il faut éviter de placer, à côté les uns des autres, des gens que l'on sait plus ou moins brouillés entr'eux.

On ne met des menus imprimés avec les noms des convives, ni même des billets portant simplement leur nom, que quand on est très nombreux ou qu'il s'agit d'un dîner d'apparât. On se contente, le plus souvent, de placer sur la table un ou plusieurs petits pupitres en porcelaine sur lesquels on écrit au crayon le menu du jour, et la maîtresse de maison indique à chacun sa place. Le serveur peut aussi, au commencement du repas, présenter le menu à chaque invité.

Le domestique, en déposant les plats sur la table et en servant doit marcher doucement et avec prudence et faire bien attention de ne pas heurter les personnes, de façon à ne pas les tacher avec les sauces et à ne pas déranger les coiffures de dames ;

il nous est arrivé de voir de belles toilettes gâtées par des serveurs maladroits.

On devra prendre les mêmes précautions en servant les vins fins, qu'on présentera de la main droite, et du côté droit, avec une serviette à la main gauche, pour essuyer chaque fois le goulot de la bouteille. Il faudra éviter de remuer les vins, surtout les Bordeaux, les servir tout doucement, et s'arrêter au premier signe du convive. En offrant le vin on indiquera d'une voix assez élevée son crû et l'année. Il n'est guère plus d'usage d'indiquer de même le nom et la qualité des plats, ni de demander aux personnes si elles désirent en prendre.

En petit comité, la maîtresse de maison, peut insister, *mais pas trop cependant*, pour que les convives mangent à nouveau de certains plats, dont elle a ordonné de faire une seconde tournée.

Les vins fins se servent dans l'ordre suivant : les vins blancs secs après les huîtres ou le poisson, les vins de Bourgogne et de Bordeaux après le rôti, les vins blancs sucrés au dessert et le champagne à la fin du repas, au moment des toast, si on prévoit qu'il en sera prononcé.

Les domestiques servent également le vin ordinaire. Ils doivent se préoccuper d'en offrir à ceux qui en ont besoin, sans pour cela le faire trop souvent et éviter de remplir les verres. Ils ne donneront de l'eau que si on leur en demande.

Chaque fois qu'un convive demande un objet quelconque, où si on est chargé de lui remettre une lettre, ou autre chose, on devra le lui présenter dans un plateau et du côté gauche.

Quand le serveur ira à la cuisine, pour chercher un plat nouveau, il devra emporter la desserte de la table et les assiettes qui ont servi, pour ne pas faire de voyages inutiles. Il évitera ainsi l'encombrement.

Il prendra les précautions nécessaires pour ne rien

casser ni rien laisser tomber, et reviendra immédiatement à la salle à manger.

Quand il n'aura rien à faire, il se tiendra, fixe, à une certaine distance de la maîtresse de maison, la serviette sur le bras gauche, prêt à obéir au moindre signe.

Il ne devra jamais parler que si on l'interroge et il répondra aussi brièvement que possible sans prendre part à la conversation ; ne jamais laisser voir qu'il se préoccupe de ce qui se fait ou de ce qui se dit ; ne jamais rire ni donner des marques d'approbation ou de désapprobation. Il ne faut pas non plus qu'il s'appuie sur les meubles, ni qu'il tousse, éternue ou se mouche. S'il éprouve un besoin de ce genre, il devra sortir un instant.

Avant de servir le dessert, il faudra enlever tout ce qui se trouve sur la table, même les assiettes, et brosser la nappe avec une brosse spéciale, en recueillant les miettes et les débris dans une corbeille assortie, ordinairement à la brosse. Puis on placera symétriquement les plats qui ne sont pas déjà servis dès le commencement du repas. On mettra ensuite, devant chaque personne, une assiette à dessert, sur laquelle on aura placé d'avance les petits couteaux à dessert et à fruits, et autres couverts spéciaux ; puis on découpera les gâteaux, si la maîtresse ou une jeune fille de la maison ne se chargent pas de ce soin, et on offrira les fromages en indiquant leur nom, comme pour les vins.

Si on boit du champagne, le domestique restera pour le déboucher et le servir, en faisant bien attention de ne pas diriger le bouchon du côté de la table et de ne pas asperger les convives avec la mousse. Si on ne boit pas de vins de dessert, il demandera doucement à la maîtresse de maison s'il peut se retirer et il ira au salon, tout remettre en ordre, entretenir le feu et préparer le café, qu'il ne portera que quand on aura quitté la salle à manger.

Si on prend le café à table, il la brossera de nouveau et servira à chaque personne une tasse et une petite cuiller dans une assiette. On n'enlève plus la nappe pour prendre le café.

Lorsqu'on est tout à fait en famille, le domestique quitte la salle quand il a servi le dessert et il ne revient que quand on l'appelle pour le café.

CHAPITRE IV

Manière de laver la vaisselle et de nettoyer l'argenterie et les cristaux

Pendant le repas, la cuisinière aura soin de mettre au feu un chaudron plein d'eau destinée à laver la vaisselle. (A Dax il n'est pas nécessaire de faire chauffer l'eau, on se contente d'en aller chercher une cruche à la fontaine chaude).

Il faut que le vase dans lequel on *plonge* les assiettes, les plats et autres ustensiles, (de là le nom de *plongeur* donné dans les hôtels aux laveurs de vaisselle) soit assez grand et en métal, ou encore mieux en bois, pour ne pas ébrécher les faïences et les porcelaines et ne pas user l'argenterie. On fait dans le pays des baquets sur trois pieds qui sont très commodes.

Après avoir jeté dans la boîte à ordures tous les restes et fait subir à la vaisselle un premier nettoyage on la trempe dans de l'eau assez chaude pour fondre la graisse et on la frotte avec un bouchon de grosse toile ; puis on la met à égouter sur un meuble à ce destiné. Quand l'opération est terminée, on la passe à l'eau claire et on l'essuie avec un linge bien propre. Dans presque tous nos ménages, on a des *longères* destinées à cet usage. On compte ensuite les assiettes et les plats et on les remet à leur place.

Il est essentiel que l'eau soit toujours assez chaude pour *fondre la graisse*, mais pas trop, car alors la laveuse se brûlerait les mains et nettoierait très mal sa vaisselle. Quand l'eau refroidit on la fait réchauffer ou, encore mieux, on la change.

L'argenterie se lave de la même façon ; mais il est bon de ne pas se servir, pour la laver, du même vase que pour la vaisselle. Il faudra surtout compter avec soin les objets en argent et en métaux précieux, et s'il en manque, avertir immédiatement la maîtresse de maison.

On ne doit jamais plonger les couteaux dans l'eau. On nettoie les manches en les frottant à sec, et les lames en les passant sur une peau de buffle tendue sur une planchette, au dessus de laquelle on dépose de la poudre qu'on obtient en râclant une brique spéciale.

Les verres se lavent à l'eau froide et on les essuie avec un linge très doux ne laissant pas tomber de duvet.

Lorsque l'argenterie a perdu son brillant, on essaie, tout d'abord, de la nettoyer en la brossant avec de l'eau et du savon et en la frottant ensuite avec une peau de daim après l'avoir bien rincée. Si ce moyen ne lui rend pas son lustre, on délaye, avec un peu d'eau, du blanc d'Espagne ou de la craie de Meudon ; on passe cette pâte sur la pièce à nettoyer, on la brosse quand elle est sèche, on l'éclaircit et on la frotte avec un linge, et puis avec la peau de daim.

Les cristaux taillés se nettoient avec une brosse, de l'eau chaude et du savon ; puis on les rince à l'eau claire.

Pour rendre propre l'intérieur des carafes, il n'y a qu'à les rincer avec de l'eau chaude, des coquilles d'œuf ou de la cendre, et à les laver ensuite avec de l'eau claire, une ou plusieurs fois.

CHAPITRE V

De la façon dont on doit parler aux maîtres et introduire les visites

« *Tel maître, tel valet*», dit, avec raison, un vieux proverbe. Comme les enfants, les domestiques sont un peu ce qu'on les fait, et à moins qu'ils ne soient déjà viciés quand on les prend, on peut espérer, si on s'occupe d'eux avec une bienveillance quasi-paternelle, si surtout on leur donne à tous les points de vue le bon exemple, de les rendre bons et loyaux serviteurs et de les attacher à la famille comme le faisaient nos pères, car, s'ils n'en font pas partie, ils y touchent de très près ; ils sont de la maison, *domus*, d'où leur nom *domesticus*. Nous avons nos devoirs envers eux, le catéchisme nous l'enseigne, et ils ont leurs devoirs envers nous. Il ne faut pas les traiter comme des esclaves, ni devenir trop familiers avec eux ; on ne doit pas leur faire sentir ce que leur profession peut avoir d'humiliant, ni se départir vis à vis d'eux d'une certaine sévérité parfaitement compatible avec les égards et la protection que nous leur devons. Témoignons-leur de l'intérêt, à eux et à leur famille, surveillons-les, relevons le plus possible leur sens moral, au lieu de l'abaisser, comme le font malheureusement beaucoup de maîtres, et nous n'aurons qu'à nous louer d'eux. La charité chrétienne doit surtout s'exercer sur ceux qui nous entourent : ne sont-ils pas nos premiers prochains ?

De leur côté les domestiques auront pour leurs maîtres le plus grand respect, et les qualités essentielles qu'ils doivent s'efforcer d'acquérir, s'ils ne les ont pas naturellement, sont la probité, les bonnes mœurs, l'obéissance, le dévouement, la politesse, l'activité, l'amour du travail, l'ordre et la propreté. Ce sera pour eux le plus sûr moyen de s'attirer l'estime et même l'affection de ceux qu'ils sont appelés à servir.

Quand ces derniers leur adressent la parole, ils se lèveront, s'ils sont assis, se découvriront et prendront une attitude respectueuse tout en étant avenante ; leurs réponses seront brèves et polies, même quand on leur fera une observation, ou un reproche.

Ils doivent toujours parler à la troisième personne, c'est-à-dire s'exprimer ainsi : au lieu de dire : « Monsieur, (ou Madame) voulez-vous quelque chose », « *Monsieur (ou Madame) veut-il (ou veut-elle) quel-* « *que chose, Monsieur a-t-il la bonté de me permettre* « *de sortir,* » etc., etc.

Ils devront s'abstenir, lorsqu'ils causent entr'eux devant les maîtres, d'employer des mots grossiers, à plus forte raison de jurer et même de crier d'une façon inconvenante, ou de se livrer à des plaisanteries de mauvais goût.

En ville, les domestiques doivent s'arranger de façon à ce qu'il y ait toujours quelqu'un d'eux à même d'entendre si on sonne à la porte, pour aller l'ouvrir, sans faire attendre les personnes qui viennent faire des visite à leurs maîtres ou qui ont besoin de leur parler.

Si ce n'est pas un jour de réception, on devra faire entrer les visiteurs, dans un vestibule ou dans une salle d'attente, les prier de s'asseoir (en parlant à la troisième personne), pendant qu'on va demander à Monsieur ou à Madame, suivant celui qu'on aura demandé, s'ils sont visibles.

Si le domestique ne connaît pas les personnes qu'il introduit, il leur demandera simplement « *qui dois-je annoncer ?* » Puis il les précèdera pour leur indiquer où se trouve le salon, ouvrira la porte toute grande, s'avancera un peu et dira tout haut leur nom. Il reculera, et lorsqu'elles seront entrées, il se retirera et fermera la porte.

Si les maîtres ne reçoivent pas, ou bien sont absents, il dira seulement ces mots : *Monsieur est sorti* ou *Madame est sortie*, sans donner d'autres explications. Il prendra les cartes, si on lui en donne, et les remettra le plus tôt possible à Madame ou à Monsieur, suivant qu'elles soient destinées à l'un ou à l'autre, et, si on lui a seulement donné son nom, sans laisser de carte, il devra dire à ses maîtres, dès qu'il les verra « *Monsieur un tel est venu pour voir* « *Monsieur ; Madame une telle est venue pour voir* « *Madame.* »

Les fournisseurs et ceux qui viennent pour parler d'affaires se reçoivent de la même façon. S'il est couvert, le domestique devra se découvrir devant eux, comme devant des personnages plus importants. Il faut être poli pour tout le monde.

A la campagne, si la porte est fermée et s'il faut sonner ou frapper pour la faire ouvrir, on reçoit de la même façon qu'en ville. Mais si l'on arrive sans sonner, si l'on vient en voiture, le domestique ira au devant des visiteurs, ouvrira la portière et introduira au salon en se conformant à ce que nous avons dit plus haut. Si les maîtres sont absents, il invitera, quand même, les visiteurs à entrer, à s'asseoir pour se reposer et, s'il fait chaud, il leur offrira des raffraîchissements. En hiver il allumera du feu et sera aussi obligeant que possible sans lier conversation, se contentant de répondre brièvement aux questions qu'on lui posera. Si les maîtres sont à une petite distance de la maison il offrira d'aller les chercher.

CHAPITRE VI

La Cuisinière

Une fille de la campagne, sachant parler français et bien lire, sera vite transformée en bonne cuisinière, si on s'occupe sérieusement de son éducation et si on exige qu'elle se conforme aux indications et aux recettes contenues dans le *Cuisinier Landais*.

De plus, si elle est seule domestique dans la maison, où si elle est chargée de tout en partie des services dont nous avons déjà parlé, soit d'une façon permanente, soit accidentellement, elle devra également se conformer à ce que nous en avons dit dans les précédents chapitres.

Ordinairement, dans les ménages où il n'y a qu'une cuisinière et une femme de chambre, et ce sont relativement les plus nombreux, la première a à sa charge l'entretien d'un ou de plusieurs appartements et elle est appelée à recevoir les visiteurs aussi souvent que sa compagne. Elle est aussi, dans bien des familles, appelée à laver le linge (*la savonnade*) et, partout, à raccommoder celui qui sert à la cuisine, et, comme. Si elle est laborieuse, elle aura encore du temps libre, elle pourra aider la femme de chambre pour le raccommodage et même pour le repassage du linge uni. Comme aux autres domestiques femmes, on devra lui donner une après-midi par semaine pour travailler à son vestiaire personnel.

La cuisinière devra être proprement vêtue, mais sans luxe, et porter de préférence des vêtements de couleurs peu salissantes.

Elle devra se lever de bonne heure, faire sa toilette, se coiffer, faire son lit et balayer sa chambre de façon à ne plus avoir besoin d'y revenir pour se préparer à sortir.

Après avoir allumé le feu, balayé la cuisine et tout remis en ordre, son premier soin sera d'aller au marché et de faire les achats de viande, de légumes et de provisions que sa maîtresse aura ordonné, la veille au soir, d'acheter pour la journée du lendemain. Inutile de lui recommander de s'abstenir de faire ce qu'on appelle vulgairement « *danser l'anse du panier* »; elle pourra néanmoins accepter des fournisseurs le *sou par franc* et les autres gratifications d'usage.

Ce qu'il y a de plus pratique et que nous conseillons, c'est que la maîtresse de maison remette tous les soirs à sa cuisinière, une somme approximativement suffisante pour les acquisitions à faire, et que le lendemain soir elle règle ses comptes avec elle en lui donnant des ordres pour les achats et les menus du jour suivant. Il n'est pas convenable de laisser faire des avances aux domestiques. A la campagne, au lieu d'aller au marché, la cuisinière ira, le matin de bonne heure, au jardin cueillir les légumes nécessaires pour la journée.

Les principales qualités des cuisinières sont l'ordre et la propreté et on peut y ajouter l'exactitude. Il vaut mieux que le dîner attende les maîtres que de voir les maîtres obligés d'attendre un dîner qui n'est pas prêt à l'heure.

Elle aura pour faire la cuisine un tablier blanc en toile de Béarn ou du pays, toujours bien propre, et en demandera un autre dès qu'il commencera à être taché. Pour laver la vaisselle elle en aura un autre en toile plus grosse, ou en cotonnade bleue, qui devra aussi être changé souvent, ainsi que tous les autres linges et torchons qui servent à la cuisine.

Les casseroles et les pots en terre seront soigneusement savonnés chaque fois qu'ils servent ; ceux en cuivre ou autres métaux seront lavés à l'eau chaude ; de plus ces derniers, les chaudrons, la *batterie de cuisine*, les chenêts et les fourneaux seront fréquemment fourbis ou recurés, avec du sable fin et du vinaigre. On ne devra jamais laisser rien refroidir dans des casseroles, bassines, poissonnières, ou chaudrons en cuivre ; c'est le seul moyen d'éviter des empoisonnements souvent graves.

Au retour du marché, la cuisinière préparera les petits déjeuners du matin et s'occupera de mettre au feu la soupe et les autres mets qui demandent à cuire longtemps et doucement.

Elle sera aussi économe que possible de bois et de charbon (chose rare, hélas ! chez nos cuisinières landaises) ; pour cela, elle ne fera un grand feu qu'au moment de mettre la broche, et elle ne brûlera du charbon, au fourneau, que petit à petit, sans en employer trop à la fois.

C'est ordinairement la cuisinière qui règle les repas des autres domestiques, en leur servant les restes de la table des maîtres dont on lui permet de disposer et en y ajoutant, s'il n'y en a pas assez, toujours avec l'autorisation de sa maîtresse, des légumes, de la viande, prise, le plus souvent, dans les provisions de salé, ou de jambon, etc.

Elle devra veiller à ce qu'ils soient suffisamment bien nourris, mais sans profusion.

Un peu avant les repas, elle devra aller à la salle à manger, chercher la soupière et les plats qu'il lui faut pour la table des maîtres.

C'est la cuisinière qui doit laver la vaisselle, et tous *les autres domestiques* l'essuyer et la mettre en ordre.

La cuisinière, comme les autres, parlera à ses maîtres à la troisième personne, et évitera d'entrer en conversation avec sa maîtresse, à moins qu'elle ne l'y autorise, et surtout de lui rapporter du marché un tas de cancans, pardonnez-moi l'expression, et de *potins*, auxquels certaines ont le tort d'attacher un grand intérêt.

Elle pourra, néanmoins, lui annoncer des nouvelles importantes, telles que les décès de personnes connues, les naissances, les accidents graves, etc., etc.

Enfin, avant de se coucher, la cuisinière s'assurera que le feu est bien éteint, et, détail qui a son importance, elle chassera les chats de la cuisine et n'en laissera aucun s'endormir sur la plaque du foyer. Il est souvent arrivé qu'ils occasionnaient des incendies en s'enfuyant dans les greniers, après avoir mis le feu à leur poil, en dormant dans l'âtre des cheminées.

CHAPITRE VII

La Femme de Chambre

C'est surtout de la femme de chambre qu'on doit exiger, au plus haut degré, les qualités morales qui font les bons domestiques. C'est elle, en effet, qui approche de plus près ses maîtres et qui vit le plus de leur vie intime, aussi est-il très important de la bien choisir.

Les meilleures sont celles que l'on forme soi-même, en prenant pour cela une jeune fille sage et intelligente, sachant bien lire et écrire, et ayant appris, chez une maîtresse honnête et comme il faut, de préférence chez des sœurs, à coudre et à repasser. Elle doit avoir reçu une éducation un peu supérieure à celle qu'on doit exiger de la cuisinière ou de la bonne d'enfants.

La femme de chambre doit être levée avant les dames qu'elle sert et elle ne se couchera qu'après elles. En se levant, elle s'habillera convenablement, se coiffera, fera sa chambre, mettra un tablier blanc et se tiendra prête à répondre au premier appel.

Dès que la maîtresse, ou une d'elles, aura sonné, ou à l'heure indiquée, elle entrera doucement dans la chambre, ouvrira les volets et fera le feu si c'est pendant l'hiver. Elle ne demandera pas à Madame comment elle a passé la nuit, à moins qu'elle ne soit souffrante. Elle parlera dans ce cas, comme toujours, à la troisième personne. Elle brossera les vêtements et servira à sa maîtresse, si c'est son habitude d'en prendre. une infusion dans un bol placé sur un plateau, elle la lui présentera dans son lit, ou la posera sur la table de nuit ou sur un autre meuble, suivant les instructions qu'elle aura reçues.

Elle aidera Madame à s'habiller, lui mettra au besoin le corset, mais sans trop le serrer, et la coiffera si on le lui demande, après avoir préparé tout ce qui lui est nécessaire pour sa toilette.

Si la maîtresse cause avec elle pendant qu'elle l'assiste, elle parlera poliment et brièvement sans raconter des choses oiseuses ou sans intérêt, en s'abstenant de commérages ou de rapports à l'endroit des autres domestiques ou des voisins. Elle devra, du reste, surtout répondre aux questions qu'on lui pose. Elle ne s'assoiera jamais en présence de sa maîtresse, que si elle a à coudre ou à faire un ouvrage quelconque exigeant qu'elle prenne cette position.

Elle fera les chambres conformément à ce que nous avons dit relativement à cette partie de son service.

La femme de chambre est en même temps lingère ; c'est elle qui est chargée de l'entretien. du raccommodage et du repassage du linge. Elle s'installera pour cet ouvrage dans l'endroit qui lui aura été indiqué et dans lequel devra régner l'ordre le plus parfait. Elle ne laissera jamais *rien à traîner*. Il sera bon qu'elle aie des corbeilles pour mettre le linge à raccommoder ou à repasser et une boîte dans laquelle elle rangera ses ustensiles de couture et ses provisions de fils, etc.

Si elle reçoit les visites, ou si elle sert à table, elle n'aura qu'à suivre les conseils que nous avons donnés au chapitre IV et V.

En faisant la couverture, la femme de chambre fermera les contrevents et les fenêtres. Pendant l'hiver, elle reviendra dans la chambre, un moment avant l'heure habituelle à laquelle sa maîtresse se couche, pour allumer le feu et la veilleuse, si elle en use ; elle aidera Madame à se déshabiller, si elle le demande, et, lorsqu'elle aura terminé, elle sortira doucement après avoir dit simplement ces mots : « *Madame a-t-elle besoin de quelque chose ?* » sans lui souhaiter une bonne nuit.

Elle devra se coucher bientôt après, et ne pas prendre la mauvaise habitude de travailler pour elle dans sa chambre pendant une partie de la nuit.

Inutile de dire, pour elle et pour les autres bonnes, qu'elles devront éviter de se familiariser avec les cochers et les valets de chambre et autres garçons, s'il y en a. Toutes, la femme de chambre surtout, doivent avoir une tenue irréprochable, prouvant leur bonne éducation. Celle-ci s'habillera convenablement, mais sans coquetterie, et évitera d'imiter dans ses toilettes celles de sa maîtresse. Si les dames de la maison lui donnent de leurs vêtements, elle devra en modifier autant que possible la forme.

Si elle ne porte pas le petit mouchoir du pays, on lui donnera un bonnet linge ou, encore mieux, un petit chapeau très simple. Dans les villes, cette dernière coiffure est très usitée parce qu'elle inspire positivement plus de respect que les autres et à l'air plus comme il faut.

Il sera bon que la femme de chambre sache un peu faire la cuisine pour suppléer, au besoin, la cuisinière et qu'elle se mette, le cas échéant, sans répugnances, à tous les travaux qu'on lui demandera et qui ne seront pas au dessus de ses forces.

Lorsqu'elle sera appelée à accompagner une dame, ou une demoiselle, dans la rue, la femme de chambre ou la bonne se tiendra près d'elle, mais un peu en arrière. Elle ne s'en rapprochera que si elle doit lui tenir le parapluie.

CHAPITRE VIII

La Nourrice et la Bonne d'Enfants

Nous n'avons pas à nous occuper ici des conditions physiques que doit remplir une bonne nourrice. Elles sont de la compétence des médecins et nous nous bornerons à conseiller aux jeunes mères de n'en prendre aucune sans l'avoir préalablement soumise à leur examen.

Nous conseillerons aussi aux familles qui en sont réduites à avoir recours à ses servantes d'un genre spécial, qu'il leur faut aussi une surveillance toute spéciale de laquelle dépend souvent la santé de l'enfant qu'on leur a confié, et nous déplorerons la facilité avec laquelle beaucoup de mamans, surtout les femmes du monde, se dispensent du plus sacré de leurs devoirs, parce qu'il est pénible. Elles ne se doutent pas, les malheureuses, que ce manquement aux lois les plus élémentaires de la morale et de la nature leur est souvent funeste, et occasionne chez elles des maladies ou des infirmités plus fréquentes qu'on ne le suppose ! Qu'elles s'assurent au moins, si elles ne daignent pas les nourrir, que leurs enfants sont bien soignés et qu'elles s'en occupent autant que si elles pouvaient les nourrir elles-mêmes !

Une nourrice habituée à une nourriture grossière et à des travaux des champs, doit continuer, même en ville, à se nourrir, autant que possible de la même façon et se livrer aussi, autant qu'elle le pourra, à des travaux pénibles, faits au grand air. C'est pour cela qu'il sera très bon de lui faire laver et repasser tout son linge personnel et celui de son nourrisson.

De son côté, une femme qui accepte de nourrir l'enfant d'une autre, doit bien se dire qu'elle a vendu son lait et son temps, qu'elle ne peut plus en disposer et qu'elle doit, en conscience, accomplir rigoureusement tous les devoirs d'une véritable mère. Elle soignera le bébé qui lui est confié et l'aimera comme s'il était le sien. Elle l'allaitera d'une façon régulière, sans l'avoir toujours au sein, et le tiendra bien proprement ; l'habituera à ne pas têter la nuit, et *surtout se gardera bien de le mettre à coucher avec elle, ce qui est défendu par la Religion et même par la loi. Pour éviter de s'endormir en l'allaitant, elle devra se lever pour lui donner le sein.*

C'est une mauvaise habitude que celle qu'on a de bercer les enfants pour les endormir. Le sommeil ne leur vient alors qu'à la suite d'un engourdissement du cerveau qui peut être dangereux. Pas aussi dangereux cependant que cette autre habitude criminelle qu'ont certaines nourrices brutales de gronder et de maltraiter leurs nourrissons, espérant se débarrasser, par la peur, de leur importunité.

Si la nourrice accompagne sa maîtresse avec son bébé pour faire des visites, elle doit se tenir un peu à l'écart et ne s'asseoir que quand on l'y engage. Elle ne parlera que si on l'interroge ; répondre brièvement et poliment, en parlant, elle aussi, à la troisième personne.

Si la mère nourrit elle-même, elle se fait accompagner par une bonne qui l'aide dans les soins qu'elle donne à son enfant et à laquelle nous ferons les mêmes recommandations qu'à la nourrice, qu'elle remplace pour tout ce qui n'est pas l'allaitement.

On a souvent le tort de prendre, comme bonnes d'enfants, des filles trop jeunes, des adolescentes sans expérience et sans raison, ce qui offre de sérieux inconvénients tant que l'enfant n'est pas serré, et même plus tard, quand il commence à marcher et qu'on le mène à la promenade. La bonne a presque autant besoin de surveillance que l'enfant qu'on lui confie. Aussi les mères prudentes ne les laissent jamais sortir sans elles.

Les bonnes devront s'habituer à porter indifféremment l'enfant des deux bras et pas toujours sur le bras gauche, comme elles font le plus souvent, ce qui peut lui faire contracter des infirmités dont on cherche plus tard inutilement la cause.

Il faut aussi coucher les enfants tantôt sur un côté, tantôt sur l'autre, et éviter, quand ils sont trop jeunes, de les mettre sur le dos, ce qui les gêne quand ils ont besoin de vomir. On doit veiller à ce que les mains de l'enfant soient rapprochées sur sa poitrine pendant son sommeil.

C'est surtout pour la toilette de l'enfant que la bonne doit prendre des précautions pour ne pas lui faire mal, en le faisant trop brusquement ; ne pas lui laisser contracter l'habitude d'avoir des caprices et ne pas lui inspirer d'inutiles et dangereuses frayeurs. Pour cela, elle devra le distraire en le débarbouillant, l'amuser pour l'empêcher de pleurer, et ne pas le menacer de croque-mitaine ni d'autres épouvantails fantastiques, s'il vient à n'être pas sage. Il ne faut pas, non plus, exciter sa vanité naissante en lui parlant de ses vêtements, ni même lui dire qu'il sera joli s'il est bien sage.

C'est aussi une absurdité, quand les enfants se sont fait mal en se heurtant contre un meuble, de les habituer à battre ce meuble ; on doit, au contraire, leur faire comprendre que c'est par leur faute ou leur maladresse, que ce petit accident leur est arrivé.

Enfin, nous ne saurons trop recommander aux bonnes et aux parents de parler toujours aux enfants le même langage qu'aux grandes personnes et d'éviter de prendre avec eux un ton spécial et mignard.

Si la bonne ne parle pas français ou le parle mal, nous ne voyons aucun inconvénient, au contraire, à ce qu'elle parle gascon à l'enfant dont elle a la garde. Elle lui apprendra ainsi notre vieil idiome local ; ce qui lui sera très utile plus tard, et nous aurions d'autant plus tort de rougir de ce langage qui n'a rien de grossier, que son étude est remise à la mode aujourd'hui, depuis sa réhabilitation par M. Isidore Salles et un groupe de linguistes et de littérateurs modernes.

Si l'enfant éprouve un véritable accident, la bonne devra garder son sang-froid, ne pas crier pour l'effrayer, et si le mal lui paraît grave, avertir au plus tôt ses maîtres, en leur avouant franchement ce qui s'est passé. Si elle est éloignée de la maison, elle devra avoir recours aux soins d'un médecin ou d'un pharmacien,

Jamais, pour aucun motif, une bonne ne devra se permettre de battre un enfant, ni de le pousser avec violence. Elle s'abstiendra aussi de le tirer violemment par les bras, et de lui raconter des contes de fées ou des histoires pouvant impressionner défavorablement sa jeune imagination.

Elle ne lui passera aucun caprice, mais les réprimera avec douceur ; elle l'empêchera de salir ses vêtements et de se rouler par terre et veillera sur lui comme si c'était sa mère. Si elle s'en occupe et surtout si elle est toujours gaie et de bonne humeur, elle ne tardera pas à prendre sur lui un grand ascendant. Les enfants aiment beaucoup les figures souriantes.

Si elle a la garde de l'enfant pendant la nuit, la bonne, pas plus que la nourrice, ne devra jamais le prendre dans son lit. Si (ce qui s'est vu) elle venait à l'étouffer en dormant, elle serait mise en prison.

La bonne ne peut tutoyer les enfants que quand ils sont très jeunes, et si les parents ne s'y opposent pas. Elle devra leur dire *vous* dès qu'ils commenceront à grandir.

La toilette d'une bonne d'enfants doit être, à peu près, celle d'une femme de chambre. Comme elle, elle portera un tablier blanc.

CHAPITRE IX

Le Cocher

Le cocher est chargé du soin à donner aux chevaux, de la conduite nes voitures, de leur entretien et de celui des harnais. De plus, comme les maisons où il y a des valets de chambre sont fort rares dans la contrée, on leur donne aussi une partie de leurs attributions : ils font les appartements, nettoient les chaussures, reçoivent les visites et servent à table, et pour cela, ils n'ont qu'à s'en référer à ce que nous avons dit plus haut.

Nous préférons, pour faire un bon cocher, prendre un paysan n'ayant jamais touché des chevaux ; il s'en rapporte mieux aux leçons qu'on lui donne et apprend bien vite à les soigner et à les conduire, ainsi qu'à entretenir les voitures et les harnais, et il devient en peu de temps bien préférable, sous tous les rapports, à des gens qui croient savoir conduire quand ils se présentent chez vous et qui, pour la plupart, n'y entendent pas grand'chose. Mais, pour dresser un cocher, il faut que le maître sache lui-même conduire, ou qu'il le confie à quelqu'un qui voudra bien lui enseigner son nouveau métier. Si on n'est pas capable de le faire soi-même, ou si on n'a pas un ami qui s'en charge, on devra prendre un cocher déjà formé, de préférence un ancien militaire de la cavalerie, de l'artillerie ou du train.

La première condition, pour un cocher, est d'aimer les chevaux et d'avoir l'ambition de les voir toujours en bon état.

S'il ne couche pas dans l'écurie, il devra avoir sa chambre à portée de ses chevaux, de façon à pouvoir intervenir s'ils se battent ou se détachent.

S'il entre le soir dans l'écurie, il devra être muni d'une lanterne.

Les brosses, les étrilles, les éponges et les épousseoirs seront toujours en ordre et suspendus à des clous, dans l'écurie ou dans la remise.

Il est très important de servir régulièrement aux chevaux leurs repas de chaque jour : Le matin de très bonne heure on leur donne le foin ; quand ils l'ont mangé, on les fait boire, puis on fait le pansage et on leur donne l'avoine.

Si on ne doit pas atteler de suite, on nettoie l'écurie ; pour cela on enlève le fumier, en gardant la paille sèche de la litière, que l'on fait passer sous la crèche ; on balaye bien le sol et on étend ensuite la litière ancienne en y ajoutant la quantité de paille fraîche nécessaire. On met aussi une certaine quantité de paille dans le râtelier.

Dans les longues journées de l'été on fait faire trois repas aux chevaux ; l'hiver, ils en ont assez de deux : un le matin, un le soir, celui de midi est alors supprimé.

Après avoir soigné les chevaux, le cocher devra s'occuper des harnais. Ceux qui seront vernis seront simplement lavés avec une éponge et essuyés avec un linge bien doux ; ceux qui sont cirés, sont, tout d'abord lavés et essuyés et on ne les cire que quand

ils sont bien secs. De temps en temps, on les enduit
d'huile, pour les radoucir, et on ne les cire que quand
l'huile a bien pénétré dans le cuir. Les boucles en
cuivre seront de temps en temps fourbies au tripoli.
Les noires seront entretenues avec un vernis spécial.
On fourbira aussi les mors de bride, mais avec du
sable, et on les passera avec une toile d'acier, faite
exprès, si on en a une:

Les voitures doivent être lavées chaque fois
qu'elles servent et on ne doit jamais les essuyer sans
les laver.

Pour laver une voiture, on la mouille, tout d'abord,
à grande eau, et partout, puis, quand la boue est
ramollie, on passe une brosse, appelée *passe-partout*,
que l'on a soin de mouiller très souvent, et on finit
en employant une éponge trempée dans de l'eau bien
claire et en essuyant avec une peau de daim.

Pour les roues, on les soulève avec une chèvre et
on les fait tourner pendant qu'on les arrose à grande
eau, puis on y passe successivement le passe-partout,
l'éponge et la peau de daim, comme on l'a fait pour
la caisse, pour l'avant-train et les essieux.

On entretient les cuirs, en les cirant comme les
harnais et en les passant, de temps en temps, à l'huile
dn pied de bœuf.

Les essieux doivent être graissés souvent s'ils ne
sont pas à *patente* ; pour ces derniers, il suffira de
les huiler tous les trois ou quatre mois.

Le cocher devra avertir à temps son maître des
réparations à faire aux harnais et aux voitures et lui
dire aussi si les chevaux sont souffrants, s'ils refusent
de manger et surtout s'ils toussent ; il n'ira les faire
ferrer que quand ils en auront besoin et il en avertira
aussi son maître.

Quand on va en voyage, il faudra avoir soin de
porter les couvertures, les surfaix et les licols, les

brosses et étrilles, des cordes et une clef anglaise, en cas d'accidents.

En arrivant, le cocher devra dételer promptement, enlever les harnais, bouchonner les chevaux et les couvrir. S'ils sont mouillés par la pluie, il mettra sur leur dos un peu de paille, en dessous de la couverture. Il ne leur donnera à manger qu'une heure après. S'ils sont couverts de boue, il les lavera avec une éponge et une brosse ; s'ils ont de la poussière, il leur passera l'éponge mouillée aux yeux, aux narines, sous la queue et entre les jambes.

Le soir, on doit faire la litière comme le matin, donner un repas semblable et faire boire.

Nous ne saurions trop recommander au cocher la plus grande exactitude, il doit avoir attelé et se trouver devant la porte un peu avant l'heure qui lui a été fixée.

Si on va faire une longue course, on doit ménager ses chevaux au départ ; si elle est courte on peut leur laisser prendre leur vitesse de suite.

On ne doit jamais faire claquer le fouet, ni laisser flotter les guides sur la croupe des chevaux. Il faut toujours les avoir *en main,* de façon à pouvoir les retenir s'ils viennent à broncher et à leur faire sentir plus vite les changements de direction et les ordres d'arrêt.

Si les chevaux ont besoin d'une correction on les fouette, mais sans bruit, on fait de même pour les faire marcher plus vite ; on peut les exciter aussi en leur parlant, ou par un claquement de langue, en se gardant bien de crier comme le font les charretiers et les postillons.

Un bon cocher ne doit jamais quitter son siège.

Les chevaux doivent marcher à leur allure, mais jamais plus uite.

Lorsqu'on croise une voiture venant en sens contraire il faut passer à sa droite, et à la gauche de celle qui marche dans le même sens. Les règlements de police exigent qu'il en soit ainsi.

On doit avertir les piétons qui ne se dérangent pas et s'arrêter au besoin, car il y a souvent des sourds qui n'entendent pas venir les voitures. Si un accident survient, le cocher devra être le premier à donner des soins à la personne qu'il aura blessée.

Il devra aussi mettre ses chevaux au pas quand il y a des encombrements. Il montera également au pas les côtes un peu longues et ralentira son allure aux descentes rapides, en retenant bien ses chevaux et en évitant de leur rendre trop tôt la main, et de desserrer aussi trop tôt la mécanique, en arrivant au bas de la côte.

Si un cheval fait un écart, ou bronche, il faudra le gronder et même au besoin le fouetter, à mo ns que ce ne soit une bête craintive et susceptible, auquel cas il faudra la réprimander avec douceur, car les animaux ont aussi des caractères différents, et l'étude de leur différence est le grand secret des bons dresseurs.

Si on s'arrête en route pour faire manger l'avoine, il faudra rafraîchir les narines des chevaux et leur laver le dessous du ventre et les jambes.

On devra marcher en ville à une allure très modérée et la ralentir encore plus aux tournants des rues.

Le cocher, pas plus que les autres domestiques, ne fumera jamais devant ses maîtres ni sur le siège. Il n'entrera jamais dans l'écurie en fumant, de crainte d'y mettre le feu.

Il ne sortira qu'avec l'autorisation de ses maîtres, qui peuvent avoir besoin de lui à chaque instant.

A la campagne, où son temps n'est pas complètement pris par son service, il aidera les autres domestiques, non seulement pour les travaux intérieurs, mais encore pour ceux du jardin et, au besoin, pour ceux des champs.

CHAPITRE X

Le Valet de Chambre

Le valet de chambre doit rendre à son maître les mêmes services que la femme de chambre à sa maîtresse. Il brosse ses habits, nettoye sa chaussure, fait sa chambre, en se conformant à ce que nous avons déjà dit. C'est lui qui est, de plus, chargé de l'entretien des salons, de la réception des visites, du service à table et de la surveillance de l'office. Il accompagne ses maîtres lorsqu'ils sortent en voiture, s'asseoit à côté du cocher, sur le siège, descend, dès qu'on s'arrête, pour ouvrir la portière et la ferme ensuite, fait monter et descendre et aide, au besoin, les personnes âgées, sans jamais se découvrir quand il est en livrée.

Nous ne croyons pas devoir en dire plus long sur ce chapitre, car, encore une fois, les valets de chambre sont très rares dans les Landes et notre livre n'est pas fait pour des gens en situation d'en avoir. Ceux-là n'ont pas besoin de dresser leurs domestiques et ils sont toujours bien servis.

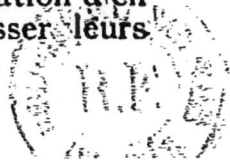

DAX - Imprimerie H. LABÈQUE, 11, rue des Carmes.

www.ingramcontent.com/pod-product-compliance
Lightning Source LLC
LaVergne TN
LVHW022203080426
835511LV00008B/1533